U0111630

暴躁的火火豆

管理情緒

新雅文化事業有限公司
www.sunya.com.hk

小跳豆做最好的自己故事系列

培養積極樂觀的正向性格，讓孩子快樂地成長！

擁有正向性格的孩子，會願意主動探索新事物和迎接挑戰。因此，培養幼兒樂觀積極的正向態度非常重要。

《小跳豆做最好的自己故事系列》共10冊，分別由10位性格不同的豆豆好友團團員擔當主角。孩子透過他們的經歷，可以進一步認識自己、了解他人，嘗試明白並接納不同人的性格特點，學習以正向的態度發揮所長、擁抱自己的不完美，以及面對各種困難，積極樂觀地成長。

豆豆好友團介紹

跳跳豆　糖糖豆　哈哈豆　小紅豆　皮皮豆

胖胖豆　力力豆　博士豆　火火豆　脆脆豆

齊來認識本冊的主角吧！

火火豆

- 班中的小霸王
- 個性急躁
- 易生氣

新雅・點讀樂園 升級功能

　　本系列屬「新雅點讀樂園」產品之一，若配備新雅點讀筆，爸媽和孩子可以使用全書的點讀和錄音功能，聆聽粵語朗讀故事、粵語講故事和普通話朗讀故事，更可錄下爸媽和孩子的聲音來說故事，增添親子閱讀的趣味！

　　家長如欲另購新雅點讀筆，或想了解更多新雅的點讀產品，請瀏覽新雅網頁(www.sunya.com.hk)。

如何使用新雅點讀筆閱讀故事？

1. 下載本故事系列的點讀筆檔案

1 瀏覽新雅網頁(www.sunya.com.hk) 或掃描右邊的QR code 進入 新雅・點讀樂園 。

2 點選 下載點讀筆檔案 ▶ 。

3 依照下載區的步驟說明，點選及下載《小跳豆做最好的自己故事系列》的點讀筆檔案至電腦，並複製至新雅點讀筆的「BOOKS」資料夾內。

2. 啟動點讀功能

開啟點讀筆後，請點選封面右上角的 圖示，然後便可翻開書本，點選書本上的故事文字或圖畫，點讀筆便會播放相應的內容。

3. 選擇語言

如想切換播放語言，請點選內頁右上角的 粵☆普 圖示，當再次點選內頁時，點讀筆便會使用所選的語言播放點選的內容。

4. 播放整個故事

如想播放整個故事，請直接點選以下圖示：

5. 製作獨一無二的點讀故事書

爸媽和孩子可以各自點選以下圖示，錄下自己的聲音來說故事！

1 先點選圖示上 爸媽錄音 或 孩子錄音 的位置，再點 OK，便可錄音。

2 完成錄音後，請再次點選 OK，停止錄音。

3 最後點選 ▶ 的位置，便可播放錄音了！

4 如想再次錄音，請重複以上步驟。注意每次只保留最後一次的錄音。

遊樂場的遊戲既新奇又好玩。
今天，豆豆們相約來遊樂場
玩個痛快。
他們約定各自遊玩，
三小時後在門口集合。

火火豆最想玩「小小摩天輪」。
可是，排隊的人很多啊！
「這要排到什麼時候？」
火火豆轉身就走，
他最沒耐性排隊了。

火火豆來到「旋轉木馬」前，
那裏排隊的人更多了。
暴躁的火火豆，
馬上轉身離開。

排隊玩「滑浪小飛船」的人
比較少，但至少也要等十五分鐘。
沒耐性的火火豆又掉頭走了。

遊樂場共有六個遊戲，
火火豆在這些遊戲之間走來走去，
就是不願意靜下來耐心排隊。
「氣死我了，
怎麼到處都要排隊？」
火火豆煩躁地大叫。

集合的時間到了，
豆豆們陸續返回遊樂場門口。
他們的胸前都多了一枚襟章。
原來只要玩遍場內六個遊戲，
就可以領取一枚襟章。

「氣死我了，
怎麼只有我沒有襟章？」
火火豆要發脾氣了。

豆豆們玩完遊戲，都很興奮，
七嘴八舌地說個不停。
火火豆一個遊戲也沒玩過，
自然插不上嘴。

「我們要回家了，再見。」
豆豆們說。
「氣死我了，怎麼大家都走了？」
火火豆氣到極點。

「火火豆，我留下來陪你，好嗎？
但你先要冷靜下來。」
細心的小紅豆說。

小紅豆陪火火豆玩了
「小小摩天輪」和「旋轉木馬」。
這兩個遊戲都是火火豆
最想玩的。
排隊期間，火火豆跟小紅豆聊聊天，
看看旋轉木馬的不同造型，
時間並不難過呢。

「時候不早了，我要走了。」
小紅豆說。
場內還有很多遊人，
火火豆要玩餘下的遊戲，
就要耐心排隊。
急躁的火火豆願意安靜下來，
好好排隊嗎？

第二天，豆豆們聚會時，
火火豆興高采烈地告訴大家
昨天的遊戲如何好玩。
大家注意到，
火火豆的胸前別了一枚襟章呢！

小跳豆做最好的自己故事系列
暴躁的火火豆

作者：袁妙霞

繪圖：李成宇

策劃：黃花窗

責任編輯：黃偲雅

美術設計：劉麗萍

出版：新雅文化事業有限公司

香港英皇道499號北角工業大廈18樓

電話：（852）2138 7998

傳真：（852）2597 4003

網址：http://www.sunya.com.hk

電郵：marketing@sunya.com.hk

發行：香港聯合書刊物流有限公司

香港荃灣德士古道220-248號荃灣工業中心16樓

電話：（852）2150 2100

傳真：（852）2407 3062

電郵：info@suplogistics.com.hk

版次：二〇二三年六月初版

ISBN: 978-962-08-8160-2